中医药文化系列丛书

AI
CAO

神奇的艾草

方鸿琴　主编

全国百佳图书出版单位
中国中医药出版社
·北 京·

图书在版编目（CIP）数据

神奇的艾草 / 方鸿琴主编 . -- 北京：中国中医药
出版社 , 2025. 6. -- （"一起向未来"中医药文化系列
丛书）.
ISBN 978-7-5132-9234-4

Ⅰ . G634.983

中国国家版本馆 CIP 数据核字第 202405XQ27 号

中国中医药出版社出版

北京经济技术开发区科创十三街 31 号院二区 8 号楼
邮政编码　100176
传真　010-64405721
河北品睿印刷有限公司印刷
各地新华书店经销

开本 787×1092　1/16　印张 10.5　字数 157 千字
2025 年 6 月第 1 版　2025 年 6 月第 1 次印刷
书号　ISBN 978 - 7 - 5132 - 9234 - 4

定价　68.00 元
网址　www.cptcm.com

服 务 热 线　010-64405510
购 书 热 线　010-89535836
维 权 打 假　010-64405753

微信服务号　zgzyycbs
微商城网址　https : //kdt.im/LIdUGr
官 方 微 博　http : //e.weibo.com/cptcm
天猫旗舰店网址　https : //zgzyycbs.tmall.com

如有印装质量问题请与本社出版部联系（010-64405510）

《神奇的艾草》

编委会

主编
方鸿琴

执行主编
金敏丽

副主编
郑欣缘　徐　盼　周小永　周军伟

编委（以姓氏笔画为序）

丁其兵	王小彩	王冬英	王如彬	王秋艳	王俏尹	王晨曦	王绪梅	王瑞敏
王璐琼	石凌云	卢有娟	叶　千	叶珍春	任　壮	孙倩倩	李　涛	李丽英
李富坚	杨　伹	杨　益	杨丹红	杨陈欣	杨家和	杨雅萍	吴晓婧	邱丹红
邱国春	邱菊红	何利平	何玲芳	何美国	余灵君	余宝蜜	应　超	沈　颖
张东升	张海燕	张彩君	张耀之	陈　叶	陈　韩	陈月丽	陈正超	陈央央
陈建卫	陈晓燕	陈梦蝶	陈雪飞	陈敏慧	林　林	林　燕	林久杏	林素云
尚菊芳	金　玲	金志坚	周　鸿	周　瀛	郑佳倩	项美芳	赵万标	胡笑媚
柯仙菜	侯依丹	洪春凤	洪峥峥	倪丹英	徐　丹	徐　渊	徐伟红	徐青青
徐怡情	徐春军	徐玲斐	徐菊琴	徐彬歆	高上卫	陶永春	陶锦艳	黄大义
黄俐俐	黄美青	曹琳圣	崔子健	章正形	董玲芬	解丹丹	管文琴	管丽芬
管佳奇	缪冬青	潘　颖	潘丹红	潘宏飞				

從娃娃抓起 啓迪中醫智慧
從淺近看手 播種健康理念
從細微尋入 展現文化精粹
從知行融匯 樹立文化自信

張其成 甲辰歲 於北京

传承中医文化
启迪中医智慧

——"一起向未来"中医药文化系列丛书总序

在中华人民共和国成立 75 周年之际，我们组织中医药文化科普作家与中国中医药出版社策划推出"一起向未来"中医药文化系列丛书，向伟大的祖国献礼！

习近平总书记指出："中医药学凝聚着深邃的哲学智慧和中华民族几千年的健康养生理念及其实践经验，是中国古代科学的瑰宝，也是打开中华文明宝库的钥匙。""中医药作为传统医药的杰出代表，是中华文明的瑰宝。"

中医药发祥于中华大地，亘古亘今一脉相承、与时俱进、兼收并蓄。其发展和丰富于我国各族人民几千年来的生产生活实践，蕴含着中华民族深邃的哲学思想。其体现了中华文明的历史脉络，反映了中华文明的传承创新发展，彰显了中华文明的连续性、创新性、统一性和包容性的鲜明特征。

中医药文化为中华民族认识和改造世界提供了深刻启迪，为中华文化的形成和发展作出了卓越贡献，也势必为构建人类卫生健康共同

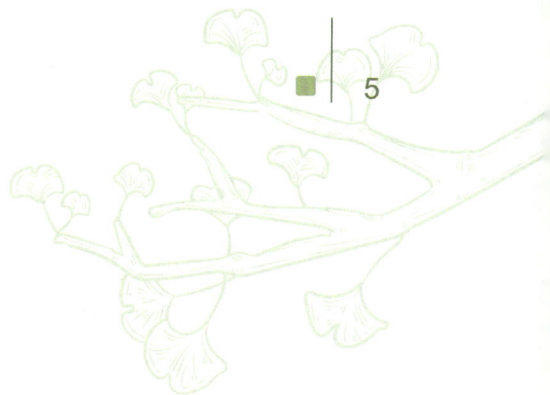

体贡献中国智慧。"仁、和、精、诚"是中医药文化的核心价值。"仁",体现了仁者爱人、生命至上的伦理思想,以救死扶伤、济世活人为宗旨,表现为尊重生命、敬畏生命、爱护生命;"和",体现了崇尚和谐的价值取向,表现为天人合一的整体观,阴阳平和的健康观,调和致中的治疗观,以及医患信和、同道谦和的道德观;"精",体现了医道精到,要求精勤治学,精研医道,追求精湛的医术;"诚",体现了人格修养的最高境界,要求心怀至诚于内,言行诚谨,表现在为人处世、治学诊疗、著述科研等方面贵诚笃端方,戒妄言妄语、弄虚作假。

在疾病防治和健康服务实践中,中医药基于整体观,注重人与自然、社会环境的协调,有助于提升人们对健康的全面理解,促进身心和谐统一;强调"治未病",未病先防、既病防变、病中防逆转、瘥后防复发,有助于提高公众的健康意识和自我保健能力,减少疾病的发生;讲究"因人、因时、因地"制宜,突出个体化治疗,有助于人们根据自身情况选择适合的健康管理方法,实现个性化的健康维护。其采用简便易行的技术方法,传统上多用膏、丹、丸、散、汤、酒、锭及食疗等内治法和针灸、推拿、刮痧、盥洗、熏蒸、敷贴等外治法,毒性反应和不良反应较小,易于被群众接受和应用。

　　中医药文化在核心理念层面与中华文化的同构性，在实践方法层面体现的群众性，使其成为我国独特而优秀的文化资源。传承和弘扬中医药文化，推动中医药健康养生文化的创造性转化和创新性发展，是促进健康中国建设、坚定中国特色社会主义文化自信的重要路径。

　　近些年，国家出台一系列有力政策措施，积极推进中医药文化工作。2016年2月26日，国务院发布的《中医药发展战略规划纲要（2016—2030）》提出："推动中医药进校园、进社区、进乡村、进家庭，将中医药基础知识纳入中小学传统文化、生理卫生课程，同时充分发挥社会组织作用，形成全社会'信中医、爱中医、用中医'的浓厚氛围和共同发展中医药的良好格局。"2016年12月25日，中华人民共和国第十二届全国人民代表大会常务委员会第二十五次会议通过的《中华人民共和国中医药法》在第六章"中医药传承与文化传播"中，对中医药文化传承传播提出明确要求。2019年10月20日，《中共中央 国务院关于促进中医药传承创新发展的意见》提出："把中医药文化贯穿国民教育始终，中小学进一步丰富中医药文化教育，使中医药成为群众促进健康的文化自觉。"2021年2月9日，国务院办公厅发布的《关于加快中医药特色发展的若干政策措施》要求"切实加强中医药文化宣传，使中医药成为群众促进健康的文化自觉"。2023年4

月19日，国家中医药管理局、中央宣传部、教育部、商务部、文化和旅游部、国家卫生健康委、国家广电总局、国家文物局八部门联合发布的《"十四五"中医药文化弘扬工程实施方案》提出："将中医药文化相关内容有机融入教师培训课程中，提高教师相关知识水平。推动各地开展内容丰富、形式多样的中医药文化进校园活动，建设校园中医药文化角和中医药文化学生社团，引导学生了解有关中医药文化的常识。"

"一起向未来"中医药文化系列丛书旨在遵循党和国家政策指引，响应时代要求和群众需求，推动中医药文化贯穿国民教育、融入群众生产生活，为中医药振兴发展厚植文化土壤，为健康中国建设注入文化动力，为新时代中国特色社会主义文化发展贡献力量。

该丛书面向青少年读者，致力打造立足实际、贴近生活、知识融会、趣味盎然的中医药文化科普读物，让读者更好地了解中医药文化，领略中华优秀传统文化的内涵，掌握健康养生理念，坚定民族自信和文化自信。

该丛书将中小学的语文、数学、历史、地理、植物、动物、科技等学科知识与中医药人物典故、经典名著、保健知识、中医传统文化等中医药文化知识相融合，形成让青少年朋友易读懂、重体验的中医药文化科普特色读物。每个分册都设有互动环节，比如猜一猜、学一学、练一练、植物探秘、训练营、小实验、时间轴拼图等生动有趣的板块，使青少年朋友在与书本内容的互动中，轻松了解中医药知识，在阅读、观察、记录和探索的过程中，激发他们对中医药文化的兴趣和认识，不断增强其对中华优秀传统文化的理解和敬重。

该丛书包括 11 本分册，即《"绘算"本草纲目》《神奇的艾草》《本草遇见科技》《本草小侦探》《寻节气本草缘（小学版）》《岐黄少年志（中学版）》《中医药十八般"武艺"》《"童"行传奇老字号》《知新诗草情缘（小学版）》《知新诗草情缘（中学版）》《变身小神医》，丰富多彩，各具特色。

希望该系列丛书能够成为广大青少年朋友成长道路上的良师益友，陪伴他们度过一段充满乐趣的阅读时光，在学习知识、增长见识的同时，收获自信和健康。

是为序。

方鸿琴

2024 年秋

内容提要

　　本书将艾草相关的中医药文化知识与劳动教育、STEAM［科学（science）、技术（technology）、工程（engineering）、数学（mathematics）与艺术（arts）的跨学科融合教育］项目式学习深度交融，创新构建五维一体的跨学科学习模式，构建完整的问题发现、分析与解决体系。全书内容丰富，涵盖导学、种植、养护、应用、自主实践、评价六大板块，引领青少年在艾草项目式学习中持续尝试、反复修正与创新实践，逐步优化解决方案，实现综合素养的进阶提升。

涵盖 导学、种植、养护、应用、自主实践、评价

目录

自主实践

评　价

后　记

小神农

导

学

圣人名医眼中的艾草

没想到小小的艾草还能用来治病救人呢！

艾草用于治病救人已有 2000 多年的历史。早在战国时期的《五十二病方》中就记载了艾草的疗效与用法。之后在历代的本草典籍中均有关于艾草的记载。

七年之病，求三年之艾。

— 战国时期孟子《孟子》

（蕲艾）产于山阳，采以端午，治病灸疾，功非小补。

— 明代李言闻《蕲艾传》

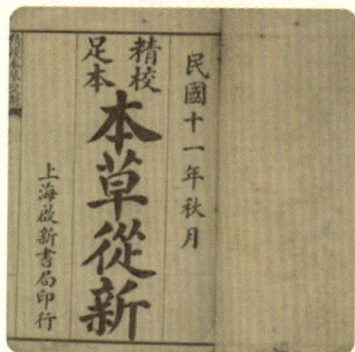

艾叶苦辛，生温熟热，纯阳之性，能回垂绝之阳，通十二经，走三阴……以之灸火，能透诸经而除百病。

— 清代吴仪洛《本草从新》

艾草名片

其貌不扬的艾草居然有这么大的魅力，看来它真的不简单！如果让你给它设计一张名片，你会怎么介绍它呢？用你的巧手画一画、写一写，在上面展示一下吧！

艾草 "粉丝" 评价

金钥匙

　　同学们，请通过阅读书籍、查找网络等方式，把各朝各代的艾草 "粉丝" 对艾草的评价写下来吧！

小神农

种

植

艾草种子盆栽种植

艾草盆栽摆放在房间里不仅可以清新空气，还可以驱蚊。怎样才能使艾草盆栽存活率更高呢？怎样才能把艾草种得更好呢？

知识链接

艾草种子盆栽种植材料准备

花盆： 塑料盆、陶瓷盆、泥瓦盆均可。

基质： 高岭土、营养土、堆肥、蘑菇废料较好。

种子： 存放不超过 6 个月的艾草种子才会发芽。

播种时间

早春播种最佳，南方 2～3 月，北方 3～4 月。

操作指南

　　基质是艾草成长的营养来源，怎样增加土壤的肥力，让艾草生长得更好呢？下面我们来学一学堆肥的制作方法。

活动一

堆肥

　　堆肥是一种有机肥料，所含营养物质比较丰富，且肥效长而稳定，同时有利于促进土壤固粒结构的形成，能增强土壤保水、保温、透气、保肥的能力。

写一写　堆肥材料

_____

_____

_____

_____

理一理　堆肥方法

_____

_____

_____

_____

金钥匙

　　堆肥就是将杂草、落叶、厨余垃圾、人和动物粪便、细泥、石灰水等材料，弄碎后充分混合，逐层堆积、踏实，泼洒粪尿肥、水、薄泥，用泥土密封，1个月翻积1次，3个月左右即可使用。

活动二

选 种

艾草种子的颗粒非常小，瘦果长圆形，无毛，表面棕黄色，种皮薄，质软。

同学们，不是所有的艾草种子都会发芽，一不注意，你辛苦种下的种子，可能就长不出艾草芽。

想一想　选种注意事项

_____

_____

_____

_____

_____

实践操作

艾草种子盆栽种植

艾草种子可直接播种或育苗移栽，营养土准备好后，将艾草种子撒在土壤上，再撒上细土即可，覆土太厚，种子出苗难。要经常喷水，保持土壤湿润。

写一写 艾草种子盆栽种植步骤

1. _____

2. _____

3. _____

4. _____

5. _____

6. _____

艾草嫩苗田间种植

艾草生命力顽强，只要有充足的水分和阳光，在田间肥沃的土地上，就能生长得很好。

知识链接

艾草嫩苗田间种植注意事项

苗高 10 ～ 50 厘米为最佳。畦面平整成"鱼背"造型，以免积水引发虫害。

种植方法

根据根的直径大小挖好小坑，将苗笔直插入坑中，盖上土，直到将根部全都覆盖为止。结束后浇水，第一次浇水一定要浇透。

种植时间

早春种植最佳，南方 2 ～ 3 月，北方 3 ～ 4 月。

操作指南

活动一

施底肥

施底肥一般采用猪、牛粪等腐熟的农家肥或堆肥，将肥料翻入土壤中充分拌匀备种。

连一连 将以下常见农家肥与图片相对应

腐烂的落叶　　　　　草木灰　　　　　　猪粪　　　　　　人的粪便

写一写 施足底肥对艾草生长的好处

活动二

平整畦面

土中翻入人畜粪便或腐熟的堆肥，畦宽平整为 1.5 米左右，畦面为中间高、两边低的"鱼背"造型，以免积水。

画一画　我的畦面设计图

实践操作

艾草嫩苗田间种植

艾草小苗很脆弱，一不小心就会被折断，在烈日下很容易被晒伤，你有什么好办法保护它呢？让我们来种一种艾草、护一护艾草，并在下面写出你的好办法。

肥沃的土地平整好了，接下来我们拿上一把小铲子或小锄头，再带上一个洒水壶，一起动手种一种艾草嫩苗吧！

写一写　我的好主意

艾草根种植

艾草为多年生草本植物，可以通过种子、嫩苗和艾草根种植等方式培育，成活率最高的方法是艾草根种植。

知识链接

艾草根种植注意事项

要挖取无病虫害、多年生艾草的地下根状茎，将全根挖出后选取嫩的根状茎，将根截成 10 ～ 12 厘米长的节段，晾半天方可以种植。栽种时不宜太密，要留出一定的行距和株距。

种植方法

把艾草根状茎平放于沟内，覆盖土镇压，栽后及时浇水，出苗后要注意松土、除草和追肥。

种植时间

每年的 10 月底至 11 月进行，也可以在早春，芽苞萌动前。

操作指南

活动一

计算行距和株距

想一想　蕲艾，湖北省蕲春县特产。它的植株高大，可以长到150～250厘米，中部叶片羽状浅裂，上部叶片椭圆形或长椭圆形，最长可达7～8厘米，宽1.5厘米。种植蕲艾根，它的最佳行距和株距是多少呢？

最佳行距	最佳株距

金钥匙

同学们用数学计算的方法，探究一下最佳行距和株距，便于艾草更好地生长。

活动二

寻找艾草根摆放最佳方向

辨一辨　你觉得艾草根种植时竖着放土里好还是横着放比较好？请在你的答案下打"√"。

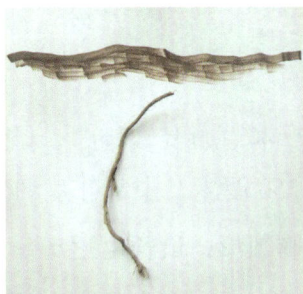

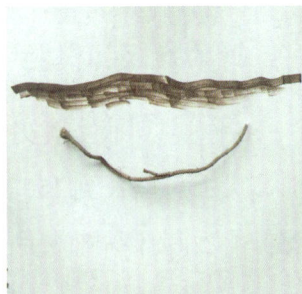

我的理由：_____

_____

_____

_____

活动三

追 肥

艾草根种植好后会进行追肥，追肥主要使用有机肥料和化学肥料，你觉得哪一种更好？为什么？

有机肥料

化学肥料

我觉得这种肥料更适合：_____

我的理由：_____

_____

_____

_____

金钥匙

有机肥料：指来源于动植物残体、排泄物、生物废弃物等有机物质，经过一定的处理和加工后，用于改善土壤肥力、提供植物养分的肥料。有机肥料不仅含有多种营养元素，如氮、磷、钾和微量元素，还能够改善土壤结构，提高土壤的保水保肥能力，促进土壤生态系统的良性循环。与化学肥料相比，有机肥料具有天然、环保、可持续等优点，不含有化学合成物质，对土壤和环境无害。

化学肥料：简称化肥，是用化学和（或）物理方法制成的含有一种或几种农作物生长需要的营养元素的肥料，也称无机肥料，包括氮肥、磷肥、钾肥、微肥、复合肥料等。

实践操作

同学们，你们学会了艾草根种植的方法了吗？大家一起来种一种艾草根，并且把每一步需要注意的地方写下来。

填一填 艾草根种植

序号	艾草根种植注意事项
1	
2	
3	
4	
5	

成果展示

　　同学们，你们的艾草根种植成功了吗？将你种出的艾草画在下方与大家一起分享吧！

画一画　我种的艾草

艾草无土种植

提出问题

艾草种子、嫩苗、根的盆栽和田间种植都成功了，那艾草无土种植是否也可以实现？

准备阶段

除了光照、温度、容器等基本条件，艾草无土种植还需要考虑哪些因素？同学们一起来查找资料，动手实践，寻找最佳方案。

任务一：选择合适浓度的营养液

写一写 营养液的主要成分

做一做 将营养液调配成不同浓度培育艾草

稀释比例	1：200	1：220	1：240	1：260
生长状况 （良好、一般、差）				

任务二：定植艾草

选一选　定植艾草所需材料

○ 陶瓷粒

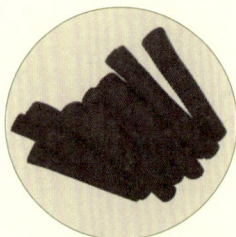
○ 碳条

○ 水晶宝宝

○ 泡沫块

○ 木块

○ 煤球

○ 鹅卵石

○ 玻璃球

画一画　设计定植造型

任务三：修剪艾草

查一查 艾草的修剪方法

画一画 艾草修剪示意图

理一理 修剪艾草小妙招

阐述制作

任务一：调制环保营养液

理一理 我的最佳配方

任务二：选择合宜的材料进行定植造型

画一画　我的造型设计

任务三：培育养护

写一写　我的养护心得

展示评价

同学建议

同学们自制营养液，用无土种植方法种活了艾草，怎样才能使它长得更好、营养液效能更佳呢？讲一讲你的种植方法，听听同学和老师们的想法和建议。

优化提升

听了大家的建议，你是不是有了新的想法，动手将我们的设计改进得更加完美吧！

教师建议

理一理　我的改进思路

小神农

养

护

艾草圃"小园丁"

小艾草呀，快快长，除草、浇水、施肥、松土、防虫害，艾草圃"小园丁"们呵护你长大！

知识链接

艾草圃养护方法

浇水： 浇水时要适量，不要过多或过少，浇水也不要过于频繁，保证土壤微微湿润即可。

除草： 中耕除草是传统的除草方法，生长在作物田间的杂草可通过人工中耕和机械中耕及时防除。

光照： 保证充足的光照，夏季阳光强烈要采取遮阴措施。

施肥： 播种之前要施底肥，每收割一次就要施一次肥。

虫害防治： 艾草常见的虫害一般有蚜虫、介壳虫和红蜘蛛。

操作指南

活动一

浇 水

给艾草浇水的时候不要有积水，干旱季节，苗高 80 厘米以下要进行叶面喷灌，苗高 80 厘米以上时要全园漫灌。

喷灌

漫灌

喷洒

写一写 浇水的注意事项

_____

_____

_____

_____

_____

_____

活动二

中耕除草

中耕是对土壤进行浅层翻倒，可以使土壤更疏松、透气，还能提高储水能力，更利于艾根伸展。中耕时翻土不宜太深，过深会伤到根，中耕要结合除草进行。

填一填 将中耕工具名称填入对应的图片下：手锄、齿耙、犁

_____   _____   _____

写一写 除草注意事项

_____

_____

_____

_____

活动三

虫害防治

艾草虫害一般有蚜虫、介壳虫、红蜘蛛，一旦出现虫害就会影响艾草生长，还会导致枝叶出现损伤。

> 同学们，这些防虫方法是否真实有效，需要你们实践后才能判断。

连一连 分辨出害虫的正确名字

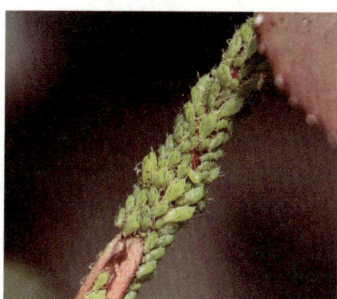

蚜虫　　　　　　介壳虫　　　　　　红蜘蛛

探一探　了解艾草病虫害的危害并探究防治办法

实践后在防治办法后面进行星级评价

蚜虫

　　受到蚜虫侵害的植物会出现叶斑、泛黄、发育不良、卷叶、产量降低、枯萎及死亡。

蚜虫防治办法

　　把橘子、柠檬、橙子等果皮捣碎，用3～5倍的清水浸泡1～2天，最后滤出清液喷洒杀虫。

☆
☆
☆

介壳虫

　　介壳虫密集生长在寄主枝条上，终生吸取寄主汁液。受害植物一般生长不良，受害严重的枝条枯死，甚至整株枯死。

介壳虫防治办法

　　用食醋将棉球浸湿，涂擦受害的茎叶，即可杀灭介壳虫。

☆
☆
☆

红蜘蛛

　　红蜘蛛为害方式是以口器刺入叶片内吮吸汁液，使叶绿素受到破坏，叶片呈现灰黄点或斑块，叶片橘黄、脱落，甚至落光。

红蜘蛛防治办法

　　煮辣椒水放凉后喷洒在病叶上就可以杀灭红蜘蛛。

☆
☆
☆

实践操作

制作环保杀虫液

通过网络查找，了解其他害虫防治方法，实践探究设计一款绿色无污染、可杀多种害虫的"超强"杀虫液。

我的"超强"杀虫液配方

我的"超强"杀虫液功效

成果展示

只要我们精心呵护，艾草就能健康生长。如果我们有更省时、省力的工具，就能够提高工作效率。同学们，你们能帮忙设计出更便捷的艾草养护工具吗？

做一做　你最想改进的工具是什么，展示出你的设计图。

齿耙

镰刀

铲子

洒水壶

锄头

我想改进的工具	我的工具设计图

艾草圃护绿牌

提出问题

　　很多人都不知道艾草的用途，他们不理解为什么好好的地不种瓜果蔬菜，而要种艾草呢。有人甚至动手破坏学校艾草圃。同学们能否为班级艾草圃设计一块防风、防晒、防雨、高性能的护绿牌，呼吁更多的人加入保护艾草、呵护艾草的行动中来？

准备阶段

　　设计醒目的护绿牌，宣传标语少不了，选择防风、防晒、防雨的材料很重要。同学们一起来搜集资料、动脑思考、动手实践，设计出一块巧妙的艾草圃护绿牌吧。

任务一：设计护绿牌标语

写一写　最佳护绿牌标语

任务二：选择护绿牌材质

选一选　护绿牌最佳材质

金钥匙

哪些材料防风、防晒、防雨性能最佳，又可以很方便地制作护绿牌呢？同学们在搜集资料了解材质的同时，也可以通过询问专业人员或与家长一起走访工厂、板材店等方式进行广泛了解。

任务三：确定护绿牌摆放位置

想一想　护绿牌最佳摆放位置

阐述制作

任务一：设计艾草圃护绿牌

写一写　我的设计构思

_____
_____
_____
_____
_____
_____

设计怎样的造型，选择什么样的材质，使护绿牌更防风、防晒、防雨，使用时间更长呢？

让我们一起动脑筋，设计出一个最佳方案。

任务二：制作护绿牌

画一画　我的护绿牌设计图

任务三：介绍护绿牌

可以从设计灵感、设计亮点、艾草圃护绿牌材质和性能、制作中的发现和收获等方面进行说明。

展示评价

同学建议

同学们都设计出了自己心目中的护绿牌，怎样才能使它更防风、防晒、防雨，使用的时间更长呢？听听同学和老师们的想法和建议，并进行升级吧！

优化提升

听了大家的建议，你是不是有了新的想法，动手将我们的设计改进得更加完美吧！

教师建议

写一写　我的改进思路

画一画　我改进后的护绿牌设计图

艾草晾晒架

提出问题

　　端午节是一年当中收割艾草的最佳时间，学校三亩地的艾草有上万棵，如何晾晒是一个难题。能否设计一款高性能的晾晒架，不怕刮风，不怕下雨，轻轻松松晒好艾草？

探一探

了解各种晾晒架的使用方法。

准备阶段

　　什么是晾晒架？使用什么材质最适合制作艾草晾晒架？什么造型的晾晒架最实用？同学们一起来搜集资料、观察探究、动手实践，一定能设计出最棒的产品。

任务一：认识晾晒架

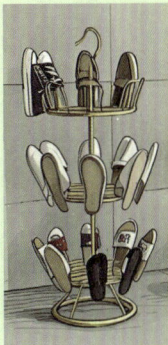

阐述制作

任务二：寻找晾晒架最佳材质

选一选　制作晾晒架最佳材料

○　银丝

○　铜丝

○　铁丝

○　铅丝

○　铝丝

○　钢丝

写一写　选择的理由

任务三：设计艾草晾晒架

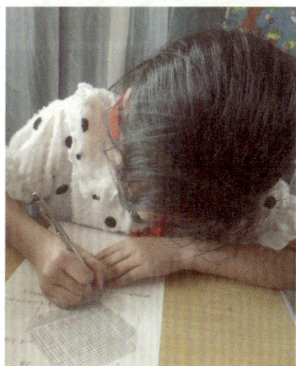

画一画　晾晒架设计图

任务四：选择合适的材料制作晾晒架模型

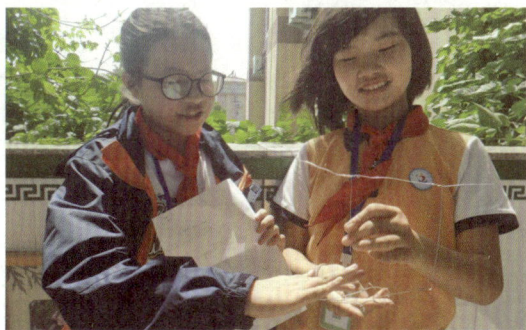

任务五：介绍晾晒架

理一理　设计说明

展示评价

同学建议

同学们都设计出了自己心目中的艾草晾晒架，怎样才能使它便于晾晒、收纳，安全性能更高呢？听听同学和老师们的想法和建议。

优化提升

听了大家的建议，你是不是有了新的想法，动手将我们的设计改进得更加完美吧！

教师建议

理一理　我的改进思路

画一画　我改进后的艾草晾晒架设计图

艾草的储存秘诀

艾草的储存大有讲究，稍不注意就可能让存放了 3 年的艾草药效平平，也有可能腐坏而不能使用。这里面有什么秘诀呢？让我们一起去探究一下吧！

知识链接

新鲜艾草的储存方法

　　将艾草嫩叶挑出杂质放在盆里清洗干净。烧一锅开水，水开后，放入艾草，加半勺小苏打煮 3 分钟，去除艾草的苦涩。将艾草叶子煮软后捞到盆里，用清水把艾草再清洗 2 遍。将清洗好的艾草攥成团备用，尽量攥得没有水分，用保鲜袋分装好，放进冰箱冷冻室，随用随取，化冻后的艾草和新鲜的是一样的。这样处理过的艾草可以保存 1 年。

干艾草的储存方法

　　将艾草在阳光下晒 2 天，再放在通风的地方令其自然阴干，这样的艾草药用价值更高。艾草晒干后在干净防潮、通风透气的室内存放。

操作指南

活动一

收割艾草

艾草在端午节前后（阴历五月初五前后 7 ～ 15 天）进行收割，此时阳光最旺盛，艾草吸收的天地阳气最多，药性最强。

写一写　收割艾草的注意事项

_____

_____

金钥匙

　　很多同学喜欢使用镰刀收割艾草，在使用镰刀时千万要小心，别弄伤手。

　　使用镰刀的正确方法：右手攥住刀把，左手抓住要割的艾草，镰刀刃贴着地面向后切割。

活动二

晾晒艾草

写一写　晾晒艾草的注意事项

最佳天气：_____

_____

最佳程度：_____

_____

最佳工具：_____

_____

活动三

储存新鲜艾草

农历四月是一年中艾草最嫩的时间，此时的艾草是制作艾草团子、艾草鸡蛋饼、艾草肉圆等美食的最佳材料，这时采摘艾草放在冰箱里速冻保存可以放1年，随时解冻，口感如初。

想一想　储存新鲜艾草的基本步骤

活动四

储存干艾草

艾草需要在干净防潮、通风透气的室内存放，这样才能保证艾草在常年的存放过程中不受潮、不变质。

探一探 分辨储存干艾草使用什么器皿最好

储存干艾草的最佳器皿

实践操作

打艾绒

练一练 用石臼、药碾船打艾绒

石臼打艾绒   药碾船打艾绒

比一比 用石臼、药碾船打艾绒有什么不同

我喜欢的工具：_____

我选择的理由：_____

_____

_____

_____

_____

艾草留种

艾草的种子长什么样呢？相信很多同学都不清楚，让我们走进本课的学习，掌握艾草留种的好方法。

知识链接

艾草留种

艾草留种以 2～3 年生植株为好，选生长健壮、丰产、无病虫害的植株留下不收，果实成熟时剪下果枝摊晾至干，脱粒、过筛、簸去杂质，将种子装于布袋里，放于阴凉干燥处贮存。

艾草脱籽可利用碾压法或棒槌敲打法，最后筛选出健壮的种子。

操作指南

活动一

寻找留种的季节

发芽、长叶、开花、结果，艾草四时不同景，把你在不同季节对艾草的观察和发现与大家一同分享。

写一写　艾草的四季变化

春

秋

夏

冬

想一想　艾草留种的最佳时间

活动二

探究艾草种子的使用时效

读一读 了解艾草种子的使用限制

秋后采收的艾草种子，要放到阴凉干燥的地方贮藏，来年春季播种。艾草种子老化得非常快，当年采摘，第二年春天就要播种，如果过了伏季，艾草种子便会失去萌发能力，所以一定不要用陈种子播种。

想一想 艾草种子播种的最佳时间

实践操作

寻找艾草种子

用石臼和药碾船碾碎果壳，找一找种子的踪影，写一写、画一画艾草种子的模样。

写一写　种子的特点

画一画　种子的模样

成果展示

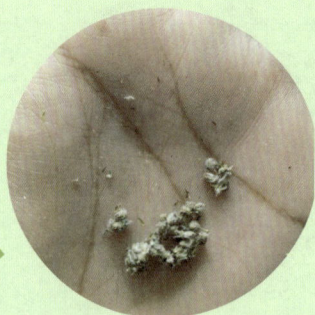

理一理　我的艾草留种步骤

通过艾草留种的学习和实践，同学们都有了自己的一套好方法，在下面展示一下吧！

步骤	艾草留种步骤
1	
2	
3	
4	
5	

小神农

应用

艾烟杀菌

艾烟中的挥发性芳香油含有多种抑菌成分，可以有效杀灭多种病菌。让我们一起来认识艾烟并学会使用艾烟吧。

知识链接

艾烟中的挥发性成分：氨水、乙醇、醋酸、丙酸、环己烯、萘、癸酸、乙内酰脲、三甲基对二氮杂苯、溴代氮杂环丁烷等。药理分析证明，艾烟挥发油对多种霉菌、球菌、杆菌有抑制作用。

操作指南

活动一

了解艾烟杀菌效果

艾烟中的挥发性芳香油对结核分枝杆菌、金黄色葡萄球菌、大肠埃希菌、枯草芽孢杆菌等都有明显的杀菌作用。它的消毒作用与福尔马林相似，优于紫外线及乳酸。

选一选 你知道艾烟能消灭哪些病菌吗？请在正确的答案下面打"√"。

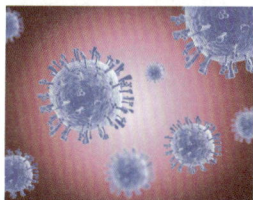 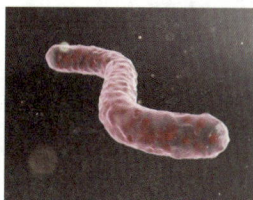 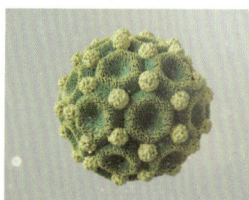 

流感病毒（　　）　　　结核分枝杆菌（　　）　　　乙肝病毒（　　）　　　金黄色葡萄球菌（　　）

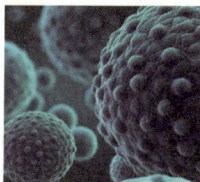 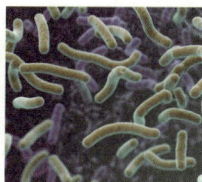 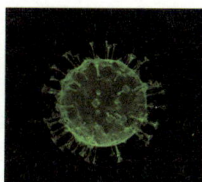 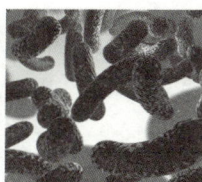 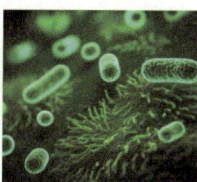

诺如病毒（　　）枯草芽孢杆菌（　　）埃可病毒（　　）大肠埃希菌（　　）铜绿假单胞菌（　　）

活动二

在艾草燃烧期间，人能在房间里吗？艾烟会伤害我们的身体吗？

了解艾烟对人体的影响

艾草中的天然杀菌、抗病毒成分，能在我们的鼻窦、喉头与气管中形成"药膜"，大量积聚的抗体可以形成人体防线，达到灭菌、杀菌、防止病毒入侵的效果。

查一查 通过书籍、网络查找艾烟对人体的影响，并写出它对人体的益处和害处。

益处	害处

活动三

了解艾草充分燃烧的方法

随便抓一把干艾草虽然也能点燃，但烧不了多长时间就会灭掉，如何增加它的紧实度，让艾草充分燃烧不浪费？

写一写　你寻找到的好办法

实践操作

通过学习，同学们对艾烟的杀菌作用有了一定的了解，下面我们一起寻找最佳工具和器皿点燃艾草。

活动一

寻找最佳打火工具

> 如果使用普通的打火工具点燃艾草，打火工具很容易坏，下面的打火器、打火机、打火枪，哪一个才是理想选择呢？

试一试 用下面三种打火工具点燃艾草，并写下你的选择和理由。

打火器

打火机

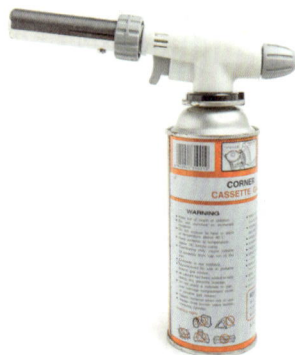

打火枪

最佳打火工具：_____

理由：_____

_____

_____

_____

_____

_____

_____

做一做 艾炷和艾条

安全小提示

1. 艾叶点燃后勿直对眼睛，以免流泪。

2. 保持室内空气流通，防止烟味过浓引起不适。

3. 对艾草过敏者，不宜参加此项活动。

4. 使用打火工具时要有老师或家长在场。

5. 艾草点燃后远离易燃物，也不要使用风扇、电吹风等，以免艾绒乱飘引发火灾。

6. 燃后的艾草灰充分冷却后才可以倾倒，以免死灰复燃。

活动二

寻找最佳盛放器皿

选一选 艾草放在什么器皿里点燃更安全呢？请你在最佳器皿的下方打上"√"。

陶瓷碗	塑料碗	纸碗	玻璃碗	金属碗
○	○	○	○	○

理由：_____

_____

_____

_____

_____

_____

_____

_____

活动三

寻找最佳灭烟工具

想一想　熄灭燃烧的艾条除了可以使用玻璃瓶、金属瓶、陶瓷瓶，盖上盖子隔绝空气，还可以使用什么更方便、快捷的工具呢？

玻璃瓶

金属瓶

陶瓷瓶

最佳灭烟工具：_____

艾草驱蚊香薰

提出问题

　　蚊香燃烧不完全的时候会产生多环芳香烃、苯等致癌物质伤害身体。艾烟当中的挥发性芳香油味道浓郁，可以有效驱蚊。同学们能否动手设计、制作一款健康、安全的艾草驱蚊香薰帮助大家远离蚊虫叮咬？

准备阶段

任务一：了解陶艺制作基本流程

中国历代香薰较多使用陶瓷制品，我们就用陶泥来设计香薰模型。

写一写 陶艺制作基本流程

泥 →　□　→　□　→　□　→　□　→　□　→　□

任务二：认识陶艺相关器具

连一连　认识陶艺机器和工具

电窑　　　　手转拉坯机　　　泥板机　　　　炼泥机　　　电动拉坯机

上釉工具　　　釉料　　　　泥塑工具　　　木桌　　　炼泥工具

任务三：学习陶艺基本方法

学一学 *揉泥方法*

揉泥是做陶前的热身准备，其目的是让泥变得更密实，做到切开后里面没有气泡。揉过的泥更具有柔韧性和可塑性。揉泥的普遍方法为羊头形、菊花形。

羊头形揉泥法

菊花形揉泥法

两种揉泥方法你最喜欢哪一种？为什么？

_____

_____

_____

_____

_____

_____

_____

比一比 *看谁搓的泥绳最长且不断*

你搓的泥绳长度是多少？ _____

_____

你觉得应该如何改进？ _____

_____

_____

阐述制作

任务一：了解香薰

写一写　香薰的主要结构及其功能

香薰的主要结构有香薰盖、香薰身和气孔，你能否将它们对号入座？你知道它们各自有什么功能吗？

任务二：设计香薰

画一画　香薰设计图

任务三：用陶泥制作艾草驱蚊香薰并进行驱蚊测试

理一理　艾草驱蚊香薰的制作步骤

测一测　艾草驱蚊香薰的驱蚊效果

效果：_____

_____

反思：_____

_____

展示评价

同学建议

同学们都设计出了自己心目中的艾草驱蚊香薰，怎样才能使它更健康、安全，使用性能更强呢？讲一讲你的设计思路，听听同学和老师们的想法和建议。

优化提升

听了大家的建议，你是不是有了新的想法，动手将我们的设计改进得更加完美吧！

教师建议

写一写　我的改进思路

_____

_____

_____

_____

_____

画一画
我改进后的艾草驱蚊香薰设计图

艾灸治病

《名医别录》中记载："艾叶味苦、微温，无毒，主灸百病。"艾草用于艾灸治病，是如何做到的呢？如何选择、加工艾草，才能将其用于艾灸？

知识链接

艾灸

艾灸是点燃用艾叶制成的艾炷、艾条，熏烤人体的穴位以达到保健治病目的的一种自然疗法。

操作指南

活动一

选择艾草

比一比 了解陈艾与新艾的不同

艾草	特点				
陈艾	含挥发油少	燃烧缓慢	火力温和	燃烧后烟少	艾灰不易脱落
新艾	气味辛烈，含挥发油多	燃烧快	火力强	燃烧后烟大	艾灰易脱落

选一选 艾灸用的艾草

新艾 ○

陈艾 ○

用于艾灸时艾草的处理方法

活动二

选择卷艾条的纸张

卷艾条的纸最好选择桑皮纸，用糯米粉熬制的浆糊粘贴，对人体最健康。

想一想

为什么历代医家都喜欢用桑皮纸卷艾条，它有什么特别之处

活动三

选一选

下面是四种常见的艾灸方法，你觉得哪一种适合家庭艾灸？写一写你的理由。

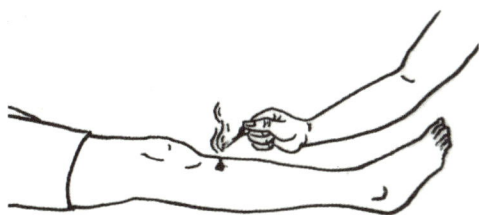

麦粒灸

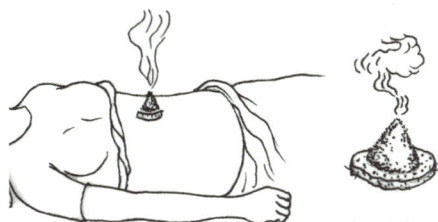

隔姜灸

艾盒灸

悬灸

家庭艾灸最安全的选择：＿＿＿＿＿＿＿＿＿＿＿＿＿＿＿＿＿＿

理由：＿＿＿＿＿＿＿＿＿＿＿＿＿＿＿＿＿＿＿＿＿＿＿＿＿＿＿

＿＿＿＿＿＿＿＿＿＿＿＿＿＿＿＿＿＿＿＿＿＿＿＿＿＿＿＿＿＿＿

＿＿＿＿＿＿＿＿＿＿＿＿＿＿＿＿＿＿＿＿＿＿＿＿＿＿＿＿＿＿＿

＿＿＿＿＿＿＿＿＿＿＿＿＿＿＿＿＿＿＿＿＿＿＿＿＿＿＿＿＿＿＿

实践操作　　悬灸治病

操作指南

艾灸的方法很多，我们学一学悬灸的方法，了解悬灸治病的注意事项。

学一学　悬灸方法

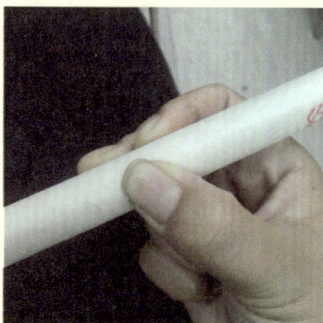

右手大拇指和食指捏住艾条，中指搭在食指下方，形成稳定的三角形结构。无名指和小拇指呈握拳状，将艾条稳稳地固定在手中。

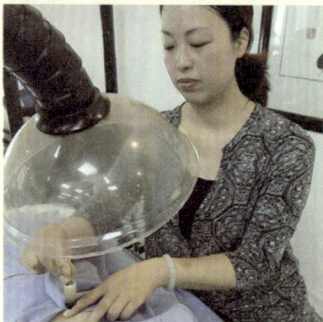

艾灸治疗时艾条距离皮肤 2 ～ 3 厘米即可，以患者感觉温热舒服，不需要忍受的距离最为合适。

艾灸时要及时弹掉艾草灰，艾草灰不宜超过 1 厘米，以免掉落烫伤皮肤。

成果展示

学会了制作艾条、艾灸的方法，我们就可以选择穴位进行艾灸了！

写一写　人体常用穴位名称及功效

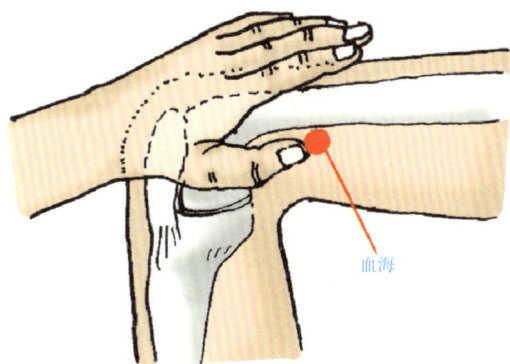

血海

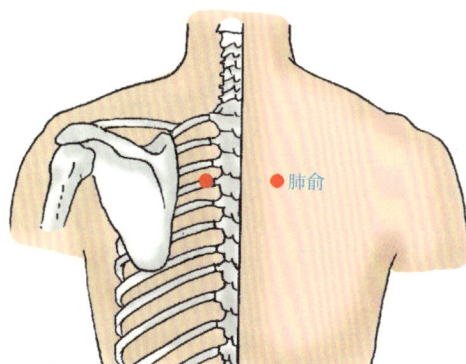

● 肺俞

_____

(功效：

_____

(功效：

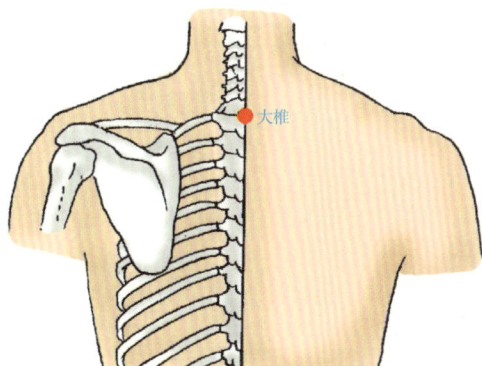

●大椎

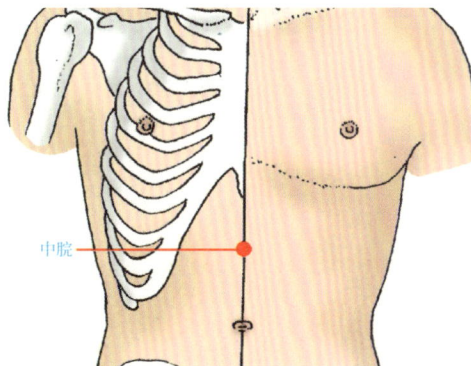

中脘

_____

(功效：

_____

(功效：

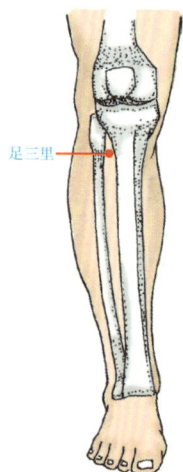

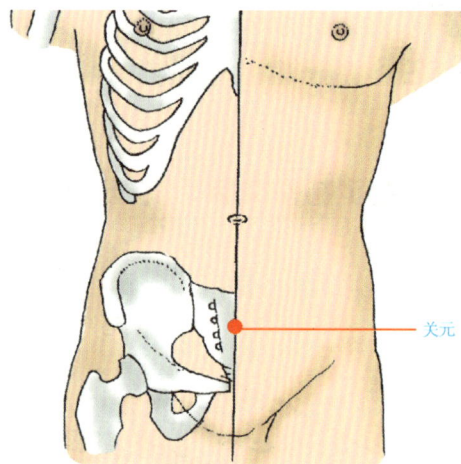

足三里

关元

功效：

功效：

理一理　你了解的其他穴位

穴位名称	穴位寻找办法	穴位功效

画一画　设计一张"穴位妙用"手抄报

艾草香包

早在 2000 多年前成书的《诗经》中就有对香包的记载，艾草香包既有把玩欣赏之审美功用，又有药用价值。你知道佩戴艾草香包对身体有什么好处吗？

知识链接

佩戴艾草香包的好处

春秋季阳气旺盛，也是病毒邪气孕育而发的时令。此时把艾绒香囊悬挂在床前、桌前，休息时置于枕边等，能起到预防流感、鼻炎、汗臭、皮肤湿疹、蚊虫叮咬等作用。艾草所含的芳香油通过呼吸道进入人体，可兴奋神经系统，不断刺激机体免疫系统，促进抗体的生成，对多种致病菌有抑制作用，可提高身体的抗病能力。

活动一

寻找艾草的香气

找一找   艾草香气最浓郁的部位

我的发现：_____

_____

_____

_____

_____

_____

_____

活动二

寻找让艾草芳香更浓郁的工具

选一选

你觉得用哪些工具加工艾草可以让它的香气更浓，在圆圈里打"√"。

石臼 ○

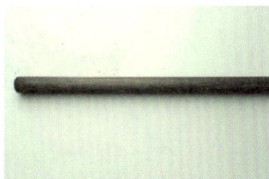

木棍 ○

木杵 ○

药碾船 ○

竹签 ○

小刀 ○

铁锤 ○

写一写　我心中的最佳选择

_____

_____

_____

_____

_____

_____

实践操作

制作艾草香包

玉石　　　金属　　　木　　　纸　　　　　　布

写一写　将你选择的材料写在下面方框中

我选择的艾草香包材料：＿＿＿＿＿

不同花纹、形状的香包琳琅满目，使用的材料也非常丰富。如果让你为自己设计一个香包，你会选用什么材料？做成什么样子呢？

画一画　我的香包设计图

成果展示

　　同学们的艾草香包都做好了，赶紧拿出来展示吧！比一比谁做的艾草香包最有创意。

做一做　心中的艾草香包

理一理　制作香包的注意事项

艾草美食

艾草不仅能用于艾灸治病救人，经常食用新鲜的艾草做成的美食对我们的身体也大有益处。

知识链接

食用艾草好处多

艾草具有抗菌和抗病毒的作用，可以镇咳、平喘、祛痰。它在止血、抗凝血、镇静、抗过敏及护肝利胆等方面也效果显著。经常食用艾草可以增强人体对疾病的抵抗能力。

操作指南

活动一

除去艾草中的苦味

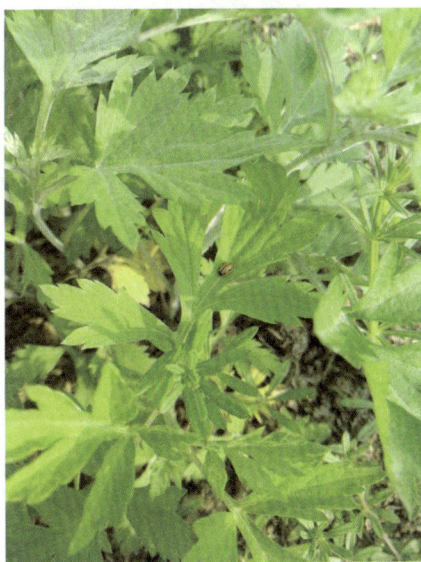

去除艾草苦味的好方法

将艾草取叶弃杆，放入水池，用水清洗 2～3 次。起锅烧水，水中放入一小勺小苏打，待锅里水开后放入清洗好的艾叶，用筷子不停翻拌艾叶，使其受热均匀。等锅里的水煮开时可用漏勺将焯好水的艾叶捞出放入装有冷水的水池中，当然冰水最好，使其充分冷却，保证翠绿的颜色。将基本冷却的艾叶在水池里浸泡一会儿。浸泡好后将艾叶分团控水，挤干水分。

理一理　去除艾草苦味的主要步骤

活动二

分辨艾草美食

连一连　选择艾草美食的正确名称

艾草饺子

艾草面

艾草鸡蛋饼

艾草肉圆

实践操作

制作艾草美食

清明节，民间流传有用鲜嫩艾草和糯米粉等制作艾草团子的习俗。请你把制作中需要注意的地方写在下面。

活动一

制作艾草团子

写一写 制作艾草团子的注意事项

艾草怎样加工才能揉到面粉里去：_____

做"艾草团子"要使用哪几种粉：_____

推荐做"艾草团子"要使用的馅料

甜馅：_____

咸馅：_____

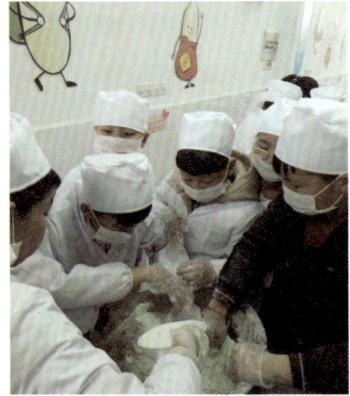

画一画　我设计的艾草团子

序号	制作步骤	我的艾草团子设计图
1		
2		
3		
4		
5		

活动二

制作艾草香粽

想一想　艾草香粽制作的注意事项

端午节在门头上悬挂艾草、菖蒲可以杀虫、护宅。如果再吃上一个艾草香粽就更是一件美事。

列一列　艾草香粽制作材料

粽叶的处理方法

蜜枣的处理方法

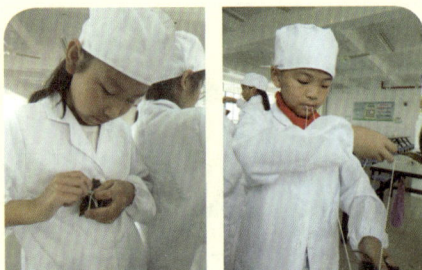

艾草香粽的制作步骤

1.

2.

3.

4.

5.

成果展示

通过前面的学习，同学们学会了不少艾草美食制作方法。下面能否自己设计一款艾草美食呢？快来一起试一试吧！

聊一聊　我设计的艾草美食

艾草美食名称：_____

艾草美食制作材料：_____

设计成果

手绘艾草美食设计图	同伴评价

艾草染布

早在商周时期，人们就已经掌握了一定水平的染色技术，艾草、苏木、蓝草、槐米、黄柏及红花等植物，都是草木染布的重要植物。

知识链接

艾草染布的特点

艾草是一味中药，天然无害，染出的织物初经水洗，虽略有褪色，却正如岁月洗礼后的颜色，有一种宁静、闲适的味道。

操作指南

活动一

选布料

探一探　了解布料的着色特性

白麻布　　　　　白棉布　　　　　白绸布　　　　　白绢布

猜一猜　不同时期的艾草可以染出什么颜色的布

写一写　下面两种去除布料油脂的方法对染布的帮助

方法一：清水加入洗衣粉和布料，煮 30 ～ 60 分钟。

方法二：生豆浆泡 20 分钟。

对染布的帮助：_____

_____

_____

活动二

选艾草叶

不同时期的艾草染出的颜色深浅不同，请大家通过实践探究，将观察到的颜色填在下方。

农历四月以前的艾草可以染出什么颜色的布？

农历四月以后的艾草可以染出什么颜色的布？

实践操作

染布时加上合适的媒介可以使颜色更鲜亮，着色的时间更长久。用艾草染布最合适的媒介是什么呢？

选一选 染布媒介

| 醋 | 明矾 | 铁锈 | 草木灰 |

写一写 艾草染布的主要步骤

步骤	艾草染布的步骤
1	
2	
3	
4	
5	

成果展示

学习了用艾草染布的方法，大家都来动手试一试，做围巾、包包、玩偶都是很好的主意，在下面为你染出的布设计一下用途吧！

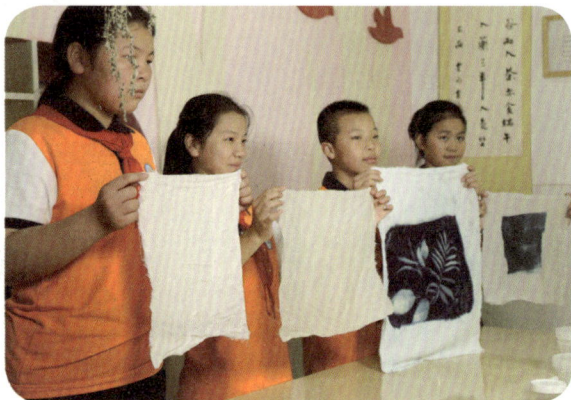

写一写　艾草染布的用途

用途：_____

_____

_____

_____

_____

_____

画一画　我的设计图

同伴评价：_____

_____

_____

_____

_____

_____

_____

艾草印泥

印泥是我国的文房之宝。早在 1000 多年前的魏晋南北朝，就有关于印泥的记载。艾草是制作印泥不可或缺的原料。

知识链接

印泥常用材料与制作方法

印泥

印泥是我国的文房诸宝之一，历史悠久，适用于木质印章和石质图章。质量要求色泽鲜艳，经久不变，品质细腻。

印泥制作的常用材料

蓖麻油 60 克，朱砂粉 11 克，白陶土（细磨过筛）10 克，艾绒 18 克，冰片 1 克。

印泥制作的常用方法

将各种原料按上列配方的顺序投入石臼，先用木棒调和，然后反复捣捶多次，即成烂泥状的印泥。

注：蓖麻油为分散剂，朱砂等颜料为显色剂，白陶土为填充剂，艾绒为吸附剂，冰片有防腐和增添芳香的作用。

操作指南

活动一

加工朱砂

理一理　制作印泥时朱砂的加工方法

活动二

加工艾草

写一写 制作印泥时艾草的加工方法

金钥匙

　　将艾草去粗梗，洗净晒干并搓软后放入药碾中碾压，去掉黑皮及叶茎，将处理好的艾草用布袋装好放入水锅内蒸煮。煮好后取出放清水中浸泡，次日取出晒干，用手揉搓去除杂物，所得细长洁白似棉纱的艾草纤维，制作印泥品质更佳。

活动三

选油

选一选 制作印泥选用什么油最好

菜籽油

蓖麻油

山茶油

最佳选择

实践操作

制作艾草印泥

备齐了材料，我们就可以来制作印泥了。制作优质的印泥每一个步骤都不能马虎。

填一填 *制作印泥的好方法*

步骤	艾草印泥制作材料及注意事项	
1	蓖麻油：	调和捶捣
2	朱砂粉：	
3	白陶土：	
4	艾绒：	
5	冰片：	

想一想 *保养印泥的注意事项*

印泥保养须知	优质印泥的特点

成果展示

展示艾草印泥

做一做

用橡皮制作几个简单的印章，在下面展示一下你的印泥，写下制作感受。

我的感受

_____

_____

_____

_____

我的印泥

同伴评价

_____

_____

_____

艾草水彩颜料

提出问题

艾草是草木染布的重要染料，不同季节、不同处理的艾草能呈现出不同色彩，同学们是否能用艾草调配出不同深浅、不同色彩的水彩颜料用于绘画？

准备阶段

艾草能调配出哪些好看的水彩颜色呢？同学们一起来动脑思考、动手实践，看看谁设计的颜色最丰富、保存的时间最长久。

任务一：用艾草将水染色

想一想　如何能用艾草染出有颜色的水

任务二：选择防腐剂

连一连　将常见防腐剂与名称对应

冰片　　　山梨酸钾　　　亚硝酸盐　　　二氧化碳

想一想　为艾草水彩颜料添加合适的防腐剂

我的选择：

任务三：选择增稠剂

牛胆汁

阿拉伯树胶

选一选　效果最佳的增稠剂

探一探　最物美价廉的增稠剂

使用效果：＿＿＿＿＿＿＿＿＿＿＿＿＿＿

＿＿＿＿＿＿＿＿＿＿＿＿＿＿＿＿＿＿＿＿＿＿

＿＿＿＿＿＿＿＿＿＿＿＿＿＿＿＿＿＿＿＿＿＿

＿＿＿＿＿＿＿＿＿＿＿＿＿＿＿＿＿＿＿＿＿＿

金钥匙

　　牛胆汁：可提高水彩颜料的湿润度，增强水彩颜料的流动性，降低水的表面张力，阻止水聚成水珠，特别适宜大面积的薄涂层。加入极少量牛胆汁，便可使不易调匀的颜色变得非常容易调匀。

　　阿拉伯树胶：可以控制色彩的流动性，延缓干燥时间，同时能增加水彩颜料的光泽和透明度，使颜色更亮丽。

阐述制作

任务一：配制艾草水彩颜料

理一理　配制艾草水彩颜料的主要步骤

1.

2.

3.

4.

5.

金钥匙

　　配制颜料每一个环节都要严谨，如需要加入的材料有哪些、加入的量是多少，都要认真核对，稍有偏差，色彩就不同了。

任务二：探究如何让艾草水彩颜料的色彩更丰富

比一比 找出配色效果最佳的中草药

找一找 丰富色彩的其他材料

聊一聊 我配制的艾草水彩颜料

任务三：寻找艾草水彩颜料最适宜绘画的纸张

选一选　在画面效果最佳的纸张下打"√"

宣纸	水粉纸	水彩纸	牛皮纸	铅画纸
☐	☐	☐	☐	☐

任务四：提升艾草水彩颜料的着色性能

写一写　我的小妙招

_____
_____
_____
_____
_____
_____

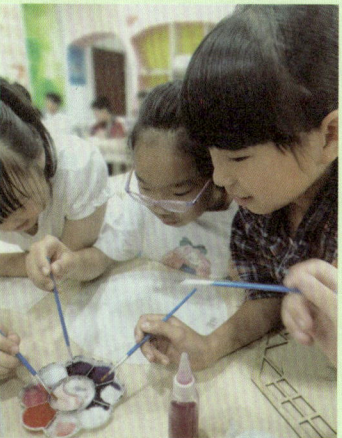

我的色卡　　　　　　我的颜色名称

色彩名称：＿＿＿＿＿＿＿＿

色彩名称：＿＿＿＿＿＿＿＿

色彩名称：＿＿＿＿＿＿＿＿

色彩名称：＿＿＿＿＿＿＿＿

色彩名称：＿＿＿＿＿＿＿＿

展示评价　同学建议

同学们都设计出了自己心目中最美的艾草水彩颜料，怎样使它的色彩更丰富、绘画的效果更佳、使用的时间更长呢？听听同学和老师们的想法和建议。

优化提升

听了大家的建议，你是不是有了新的想法，动手将我们的设计改进得更加完美吧！

教师建议

理一理　我的改进思路

_____

_____

_____

_____

_____

画一画　我的艾草水彩画

艾草水泡出健康

用新鲜艾叶或干艾叶煮 10 ～ 20 分钟得到的艾草水来泡脚、洗澡、洗头等，对身体很有好处。

知识链接

艾草水的主要功效

艾草煮水的方法有两种，一种是用干艾叶，一种是用新鲜的艾叶。将艾叶放入水中，煮开后再用文火煮半个小时，等味道变浓即可。艾草水内服主要作用是温经散寒，外用可以杀菌，治疗湿疹及多种皮肤炎症。

活动一

艾草泡脚

艾草有暖宫调经、燥湿止痒的作用，如果用艾草煮水泡脚，可以治疗部分虚寒性疾病，尤其适合有宫寒的人，有胃寒肢冷、平时手脚冰冷的患者也适合用艾草煮水泡脚。

查一查　艾草泡脚的最佳时间

艾草泡脚的最佳时间

活动二

艾草洗澡

不管是用新鲜的艾草，还是用干艾草煮水泡澡，都能祛除人体内的寒湿。用艾草给小孩子泡澡，可以祛除体内寒气，辟邪通窍。

写一写　艾草洗澡的正确方法

艾草洗澡的最佳方法

活动三

艾草洗头

艾草洗头，止痒去屑的效果非常好，不伤发质及头皮。初期每周用艾草水洗头3 次左右，等到头不痒、头屑不见时，每周可以洗 1 ～ 2 次。这样对整个头皮及头发的保养都非常有好处。

想一想　艾草洗头的注意事项

艾草洗头的注意事项

_____

_____

_____

_____

实践操作

学会了艾草水泡脚、洗澡、洗头的好方法，与爸爸妈妈一起试一试。在下方写下你的感受。

写一写　把你体验后的感受写在下方

艾草泡脚的感受：_____

_____

_____

艾草洗澡的感受：_____

_____

_____

艾草洗头的感受：_____

_____

_____

成果展示

> 艾草水除了泡脚、洗澡、洗头，还有什么用处呢？把你找到的好方法与大家一起分享吧！

理一理 你的艾草水使用小妙招

艾草水

金钥匙

艾草水不仅对人体有不少好处，对身边的事物及动物朋友们也有不少益处呢！赶紧去探究一下吧！

干艾草叶用处大

晒干的艾草叶含有丰富的矿物质、脂肪、蛋白质，以及维生素 A、维生素 B_1、维生素 B_2、维生素 C 等。干艾草叶不仅可以泡茶、做美食，还可以制作成艾草枕头、艾草鞋垫、艾草药袋等呵护我们的身体。

知识链接

艾草枕头

取细软熟艾 1 千克，用布包做成艾枕。每天晚上枕艾枕，对风寒湿引起的头痛、头重有良好效果。如果长期枕用，可以预防感冒、颈椎病及面神经麻痹等症。

艾草鞋垫

艾草鞋垫具有祛寒除湿、消毒止痒、防臭抑菌等作用，可以治疗和预防寒湿脚气、足癣、冻疮等。

艾草药袋

先将布料缝成 15 厘米 × 25 厘米的布袋，把炒好的艾叶放在微波炉里热一下，然后装在布袋里，敷于脐腹部，可以预防和治疗中老年人脐腹冷痛，或妇女寒性痛经；敷于肩部，可以缓解肩周炎之痛；敷于腰部，可以预防和缓解寒湿性腰痛。

操作指南

 活动一

制作艾枕

经常枕用艾草枕头不仅可以杀除脸部、头部的螨虫、病菌，还能提高身体的免疫力。

选一选

你觉得制作艾枕使用什么布最佳，请在最佳答案的圆圈中打"√"。

①麻布：纤维结构抑制细菌滋生，吸湿性是棉的1.5倍，夏季散热快，保持干爽。材质坚韧，越用越柔软，使用寿命长。缺点：初期使用可能有扎肤感，需多次洗涤软化。天然褶皱影响美观，需频繁熨烫保持平整。清洗不当易缩水变形。　○

②棉布：天然纤维温和透气，四季适用，适合绝大多数人。耐机洗、耐高温，日常维护简单。短绒棉触感细腻，长绒棉更显蓬松。缺点：普通棉布　○

多次清洗后易缩水变形，需选择预缩处理面料。吸湿性强但排湿慢，潮湿环境可能有黏腻感。低品质棉布长期摩擦易起球，影响美观。

③绸缎：光滑表面减少与皮肤的摩擦，适合敏感肌，可减少睡眠皱纹和头发毛躁。天然蚕丝纤维吸湿性良好，夏季凉爽，适合易出汗人群。触感奢华，贴合头部曲线，提升舒适感。缺点：真丝成本高，且需专业护理，日常保养烦琐。易勾丝、磨损，长期使用易失去光泽。冬季可能不够温暖，需搭配其他材质枕芯。

辨一辨　填充艾枕的艾草使用哪一种最合适

陈艾　　　　　新艾　　　　　熟艾（艾绒）

你的选择：_____

_____

活动二

制作艾草鞋垫

探一探　艾草鞋垫的制作方法

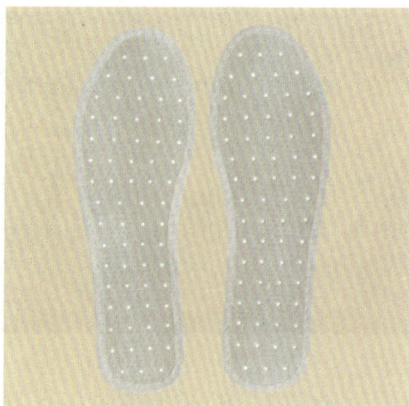

制作方法：_____

_____

_____

_____

_____

_____

_____

_____

_____

活动三

制作艾草药包

学一学　艾草药包中艾草的炒制方法

把艾叶放在炒锅里炒干，炒的时候可以稍加一点沙，这样炒起来容易一些。等艾叶炒干后，用手把艾叶搓碎，再用少许醋拌一下。

想一想　艾草药包的使用方法

实际操作

用干艾草叶制作艾草产品

学会了艾草枕头、艾草鞋垫、艾草药袋的制作方法，同学们自己也来动手设计，用干艾草叶设计研发一款"艾草产品"。

画一画 你想设计的艾草产品

艾草产品名称：	
材料：	设计图：
我的反思：	

成果展示

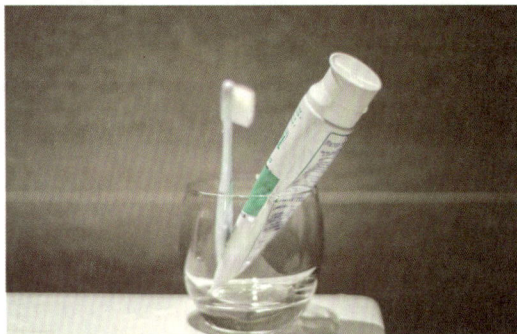

艾草牙膏

艾草茶

艾草精油

艾草化妆品

艾草沐浴液

理一理　干艾草叶的其他用途

艾草灰也是药

艾草燃烧后的灰不要丢掉，因为它是一味很好的消炎药，作用非常多。

知识链接

艾草灰的功效

艾草灰中的抗菌消炎成分对于湿疹、青春痘、脚气及伤口愈合都有很显著的治疗作用。

操作指南

活动一

艾草灰祛痘

有严重青春痘的患者，晚上先在患处艾灸 10 ～ 20 分钟，然后涂抹用艾草灰和芝麻油调配的艾草灰膏，保留一晚，第二天早上再洗掉，能够起到消炎、杀菌、润肤等作用。需要注意：艾草灰偏温、偏碱性，所以刚开始使用皮肤会稍有点痛。

写一写　艾草灰膏的制作步骤

1.

2.

3.

4.

艾草灰膏使用小提示

金钥匙

　　艾灸后的艾草灰细腻柔软，收集下来制作艾草灰膏再好不过了，但存放的时候不宜受潮，要装入密封盒或袋子，放置在干燥处进行保存。

活动二

艾草灰治脚气

患脚气时可在患处涂抹艾草灰，会即刻止痒。普通脚气，可以每天多次涂抹，坚持几天就会痊愈。如果脚气特别严重，可以先艾灸患处再抹艾草灰，会有更好的效果。

理一理　艾草灰治疗脚气的方法

使用后的效果

活动三

艾草灰止血

当有伤口时，将艾草灰撒到伤口上，很快就能止血，如有渗液严重，可以反复撒，保持创面干燥。虽摸上去发硬，但伤口还是透气的，不会有紧绷的感觉，遇水不会脱离，不怕用水冲洗。使用艾草灰止血，伤口感染的概率能大大降低，再经常对局部进行热敷或艾灸，促进血液循环，之后留下的印迹会很浅。

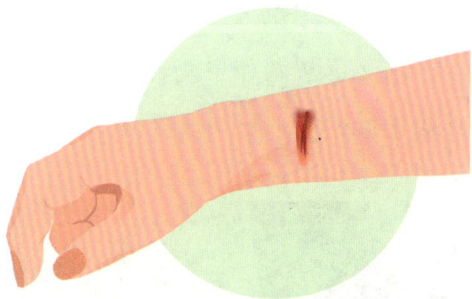

想一想 艾草灰止血的步骤

金钥匙

小创口使用艾草灰进行止血效果更明显，如果创口比较大，建议到医务室或医院处理。

实际操作

制作艾草灰面膜

用艾草灰调和牛奶、蜂蜜，就可以制作成健康绿色的消炎祛痘面膜。同学们赶紧来试一试吧！

写一写   艾草灰面膜的制作材料

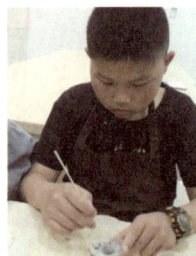

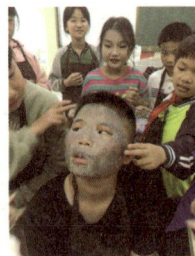

想一想   艾草灰面膜制作的步骤

步骤	制作艾草灰面膜的步骤
1	
2	
3	

成果展示

写一写　把你寻找到的艾草灰的其他用途与大家分享

艾草灰的其他用途：_____

_____

_____

_____

_____

_____

_____

_____

_____

_____

_____

_____

小神农

自主实践

我的艾草研究项目

任务一：制订研究计划

学习了这么多艾草种植、养护、应用的方法，让我对艾草有了进一步的认识，未来我也想更深入地研究艾草，让它帮助更多的人。

● **我的研究内容**

● 我的研究准备

● 我的研究计划

任务二：展示研究成果

经过对艾草相关知识、技能的学习，同学们掌握了不少本领，在研究艾草中有哪些新的发现，与大家一起分享吧！

理一理　我的研究成果（可以是文字或照片）

任务三：改进研究思路

● **我的完善与改进**

同学建议：_____
_____
_____
_____

教师建议：_____
_____
_____
_____
_____

小神农

评

价

教学评价

序号	课程	自评（各3星）			小组评	家长评	师评	总得星
		知识积累	技能水平	创新能力	★★★	★★★	★★★	
1	艾草种子盆栽种植							
2	艾草嫩苗田间种植							
3	艾草根种植							
4	艾草无土种植							
5	艾草圃"小园丁"							
6	艾草圃护绿牌							
7	艾草晾晒架							
8	艾草的储存秘诀							
9	艾草留种							
10	艾烟杀菌							
11	艾草驱蚊香薰							

续表

序号	课程	自评（各3星）			小组评 ★★★	家长评 ★★★	师评 ★★★	总得星
		知识积累	技能水平	创新能力				
12	艾灸治病							
13	艾草香包							
14	艾草美食							
15	艾草染布							
16	艾草印泥							
17	艾草水彩颜料							
18	艾草水泡出健康							
19	干艾草叶用处大							
20	艾草灰也是药							
实践	我的艾草研究项目							

后记

在当代社会，中医药的传承与发展日益受到重视，全方位促使中医药融入社会的各个方面，特别是深入教育领域更是有着非凡的意义。

本书精心打造了多个内容板块，涵盖导学、种植、养护、应用、自主实践与评价，内容丰富且成体系。特别值得一提的是，本书将艾草相关的中医药文化知识与劳动教育、STEAM 项目式学习深度交融，创新构建融科学、技术、工程、数学、艺术五维一体的跨学科学习模式，构建完整的问题发现、分析与解决体系。孩子们在此过程中不断尝试、纠错、创新，逐步优化解决方案，从而提升自身多方面的能力，包括技能训练、思维培育及综合素养的提升。

通过学习，孩子们能够掌握艾草的诸多知识与技能。他们能够运用多种方法种植艾草，对于艾草养护的各个要点，如松土、施肥、存放和留种等，也能很好地掌握。在艾草的广泛应用方面，从艾烟驱蚊、艾灸治病，到制作艾草美食及艾草染布等，都能深入学习并掌握。期望通过本书的学习，孩子们不仅能在知识与技能上有所收获，还能在心底种下弘扬垦荒精神、传承中华优秀文化的种子，让这些宝贵的精神文化财富在年轻一代心中扎根、成长，持续传承与发展。

《神奇的艾草》编委会

2024 年 8 月 28 日